Ιωάννα Κοτσώνη

ερωτική βραδιά

Εκδόσεις Φυλάτος

ΕΙΣΑΙ ΣΥΓΓΡΑΦΕΑΣ; ΓΙΝΕ ΕΚΔΟΤΗΣ!

ΣΤΙΣ **ΕΚΔΟΣΕΙΣ ΦΥΛΑΤΟΣ**

Copyright για ελληνική έκδοση
© Εκδόσεις Φυλάτος, © Fylatos Publishing, Θεσσαλονίκη 2013

Συγγραφέας: ΙΩΑΝΝΑ ΚΟΤΣΩΝΗ

Επιτρέπεται η αναδημοσίευση τμήματος του παρόντος έργου για λόγους σχολιασμού ή κριτικής. Επιτρέπεται η αναδημοσίευση περιορισμένων τμημάτων για επιστημονικούς λόγους, με υποχρεωτική αναγραφή του τίτλου του έργου, του συγγραφέα, του εκδότη, της σελίδας που αναδημοσιεύεται και της ημερομηνίας έκδοσης. Απαγορεύεται οποιαδήποτε διασκευή, μετάφραση και εκμετάλλευση, χωρίς αναφορά στους συντελεστές του βιβλίου και γραπτή άδεια του εκδότη σύμφωνα με το νόμο.
© Εκδόσεις Φυλάτος, © Fylatos Publishing
e-mail. contact@fylatos.com
web: www.fylatos.com
Σχεδιασμός Εξωφύλλου: © Εκδόσεις Φυλάτος
Σελιδοποίηση-Σχεδιασμός: © Εκδόσεις Φυλάτος
ISBN: 978-960-88824-9-2

Σήμερα

Σήμερα πέρασε ένα πουλί δίπλα από ένα σύννεφο
Αναρωτήθηκα τι είναι
Ξέρεις, δεν έβλεπα καλά
Τα όνειρά μου όλα είναι σαν κίτρινα φύλλα
Πεταμένα σε μιαν άδεια αμμουδιά
Από χρυσό και ασήμι

Σήμερα έπεσε μια φωλιά κάτω από ένα δέντρο
Φοβήθηκα, τρόμαξα
Βλέπεις, δεν ήξερα πολλά
Το σπίτι μου έχει καεί από την άσπρη παγωνιά
Ενώ όλα φαίνονταν σπουδαία
Χαθήκαν χωρίς λόγο

Σήμερα το σώμα μου νεκρώθηκε πάνω από μία φωτογραφία
Παλιά δική σου
Από τότε που ήμασταν παιδιά
Ο έρωτας, οι αναστεναγμοί και τα φιλιά σου τα κόκκινα
Πέρασαν μπροστά μου
Και χάθηκαν ξανά

Όμως

Σ' αγάπησα, ναι!
Μ' όλα τα στάχυα του Μαγιού
Και μ' όλα τ' άλλα
Όλα όσα έκρυψες πιο μέσα απ' την καρδιά σου
Όλα όσα σκέφτηκα σαν ήμουν μακριά σου.

Σε ζήλεψα, ναι!
Όμως δεν πίστεψα ποτέ τον έξω κόσμο
Δεν αφιέρωσα ν' ακούσω τρίτα λόγια
Και δεν σου κρύβω πως με πόνεσε το ίδιο
Σα να κοιτούσα μία ιστορία του παρελθόντος.

Όμως, μου λες γιατί δεν είσαι πια κοντά μου;
Μήπως φταίω εγώ για όλα αυτά;
Μήπως δεν άξιζα για λίγο λίγη αγάπη;
Ή μήπως σκέφτηκες πως ίσως με πληγώσεις;
Ήρθε η στιγμή να συστηθώ.
Με λένε πληγωμένη

Ερωτική Βραδιά

Δεν σ' ακούω
Παρ' όλη την προσπάθεια που κάνω.
Ψάχνω λύσεις μέσα σε δρόμο-αδιέξοδο
Για να μπορέσω να σε νιώσω.
Ψάχνω τα χέρια σου
Να τ' ακουμπήσω και να νιώσω τη μορφή τους
Πάνω στο καμένο σώμα μου
Αυτό που έκαψες εσύ με τη φωτιά σου
Αυτό που άνοιξες εσύ σαν τα χαρτιά σου
Σα να περνούσες κάθε μέρα από εκεί
Γλίστρησες
Έσταξες και γέμισες με τύψεις την καρδιά σου
Πέρασες σα να μην έμενα εκεί
Άνοιξες το παράθυρο και μπήκες από εκεί...
Όμως ποτέ την πόρτα.
Σα να φοβόσουν ν' ακουμπήσεις το μαντίλι,
Τον όμορφο βασιλικό
Και το ρυάκι.

Και τώρα;
Πόρνη μετ' εμποδίων
Γιατί δεν μ' άγγιξες ξανά μ' αυτά τα χέρια.
Γιατί δεν έμεινες πολύ κι είπες θα φύγεις.
Γιατί δεν πρόλαβα εγώ να σ' αγαπήσω.
Γιατί φοβήθηκες μήπως και μ' αγαπήσεις...

Γυναίκα

Σύζυγος και σύντροφος
Κυοφορούσα στο παιδί σου
Ξεπουλημένη γκόμενα ματαιόδοξου εραστή
Πόρνη πλουσίων συναισθημάτων σε φτωχικό παζάρι
Ερωτευμένη διακαώς με τον πρώτο εφηβικό της έρωτα
Παντρεμένη με τον πόνο, τη θλίψη και τη μοναξιά.
Κίτρινη από αρρώστια
Και κόκκινη από πάθος.
Άσπρη από εμπειρίες
Και μαύρη από ζωή.

Πότε θα μάθεις

Πως ο έρως είν' ακίνδυνο ξυράφι;
Πως τα βράδια που ξυπνάς μονάχη
Μέσα στα ακατέργαστα χωράφια
Και τις λεύκες,
Ένα φως λαμπυρίζει
Δίχως να το βλέπει ο εαυτός σου.
Δίχως να αξίζει να το δει, εξάλλου.
Κι ο έρως είν' εκείνος που το σβήνει σιγά σιγά
Μέχρι να ανάψει το επόμενο
Και να λαμπυρίσει μέσα από τα στάρια
Και τις λεύκες.
Μέσα από τα ξανθά μαλλιά του αγοριού σου
Μέσα από τα πράσινα μάτια τα δικά σου.

Έφυγα

Δήλωσα παραίτηση
Εκείνος είπε «μην το κάνεις!
Ίσως μετανιώσεις»
Δεν τον άκουσα
Πώς μπορούσα εξάλλου;
Είναι σα να ζητάς από τυφλό να δει το φως
Να δει τα χρώματα των λουλουδιών πάνω στην
άμμο
Σα να ζητάς από έναν ποιητή να σου αναλύσει τις
σκέψεις
Που έγραψε επάνω στο χαρτί του.
Σα να ζητάς από ερωτευμένο να δει την απιστία της
συντρόφου του.
Έφυγα
Δεν κοίταξα πίσω
Εκείνος μου φώναζε «Γύρισε! Κοίταξε! Άκου με!»
Όμως εγώ εκεί
Σ' αυτό το δρόμο που επέλεξα.
Κι είναι από εκείνους τους σκληρούς
Που σου χαλάνε τα παπούτσια.
Εκείνους που δεν έχουν μήτε σπόρους μήτε άνθη για να
ζήσουν
Έτσι στείρα ήμουν κι εγώ
Στείρα από σκέψεις
Από αγάπη
Ακόμα κι από κούραση

*Γιατί όσο να 'ναι η αγάπη σε κουράζει
Κι εγώ ξεκούραστη σαν ήμουν
Είπα να βρω παρηγοριά σ' αυτό που είχα κοινό μαζί του.*

Αυτή η απαισιοδοξία πηγάζει από μέσα λένε.
Απ' τα βαθιά.
Μα έλα που δεν ξέρω να κολυμπάω.
Δεν έμαθα ποτέ.
Άλλοι με πάνε
Με το ζόρι.
Αυτά τα κίτρινα φύλλα πέφτουν χαμηλά λένε
Απ' τα ψηλά.
Μα δε βλέπουν τι προσπάθεια κάνουν να πετάξουν;
Εγώ το έμαθα παλιά.
Κι ακόμα προσπαθούν
Να με ξεμάθουν.

Αυτά τα πέτρινα χέρια είναι μόνο για τα σκληρά... λένε
Για τα σκληρά...
Μα πέφτουν πάνω στα αθώα χέρια των παιδιών και των αθώων.
Το έμαθα καλά
Κι ακόμα προσπαθώ
Να το ξεχάσω...

Τα όνειρα

Τι είναι τα όνειρα;
Είναι εκείνες οι λευκές υπάρξεις στη ματιά ενός κοιμισμένου,
Ή τα πολύχρωμα ταξίδια του μυαλού μου;
Είναι εκείνα τα πουλιά που κελαηδάνε
Χωρίς να ξέρουν το πώς και το γιατί;
Είναι εκείνα τα παιδιά που κυνηγάνε
Να πιάσουν λίγο φως απ' τη ζωή;
Όχι
Δεν ξέρω αν ακούγομαι σε σένα
Ούτε αν βλέπεις πως γελώ μακριά σου
Είμαι καλά...
Να ξέρεις...
Μόνο αυτό...
Κι αν, δίχως λόγο, θέλεις να κοιτάξεις τα όνειρά σου
Ψάξε καλά, ίσως με βρεις
Κι εμένα εκεί μέσα
Θα 'μαι ντυμένη στα λευκά
Σαν τη σκιά σου
Σαν το φιλί σου όταν έφυγες μακριά

Φωτογραφία

Σ' αναζητούσα μέσα από τηλέφωνα και οθόνες
Μέσα από πληθώρα λέξεων και γραμμάτων
Ένα πρωί.
Χωρίς να ξέρω το γιατί.
Δίχως να ξέρω αν θα σε βρω
Αν θα με βρεις εσύ ο ίδιος.
Απογοητεύσεις
Χαρές
Ζωή και θάνατος μαζί.

Και ξαφνικά
Σε είδα.
Ευτυχισμένο μέσα σε μια φωτογραφία.
Είπα πως είσαι εσύ αυτός
Εσύ που κοιτούσες το φακό
χωρίς να ξέρεις το γιατί.
Αυτή την άγνοια αγάπησα
Απ' την αρχή.

Τα μάτια μου έλαμψαν όταν σε είδαν
Τα δάχτυλά μου έτρεμαν όταν σε άγγιξαν
Η ψυχή μου γαλήνεψε όταν σε πήρα αγκαλιά.

Και τώρα λάμπουν τα μάτια μου συνέχεια.
Τρέμουν τα δάχτυλά μου.
Γαληνεύει η ψυχή μου
Και φοβάμαι μη σε χάσω...

Απαγόρευση

Μη με κοιτάς
Αφού δεν έχεις λόγο ύπαρξης σπουδαίο
Με με ρωτάς
Αφού το ξέρεις πως απάντηση δεν δίνω
Μη με χτυπάς
Αφού το ξέρεις πως πονώ και δεν μιλάω
Μη μ' αγαπάς
Αφού το νιώθεις πως κι εγώ γι' αυτό πονάω

Εκεί

Εκεί που τα όνειρα οδηγούν
Εκεί να πάμε.
Εκεί
Εκεί που η θάλασσα τελειώνει
Εκεί που ο ήλιος ζυγώνει
Εκεί που ο έρωτας αρχίζει
Κι ανατέλλει η ζήλια, ο φόβος κι η αντοχή.
Αναρωτιέσαι;
Θέλεις να μάθεις;
Γιατί ρωτάς τον ξένο;
Τι θα σου πει;
Γιατί να' ναι ο ξένος ο σοφός κι όχι εσύ;
Ξένος για σε είναι η ψυχή.

Άδειο Κενό

Φοβήθηκες μήπως και φύγω.
Μήπως και πάω μακριά και σε ξεχάσω.
Μα μη φοβάσαι. Ξέρω να πηγαίνω...
Συνήθως πάω μέχρι τα μισά και πάλι μετά πίσω.
Γιατί;
Θέλει κι ερώτημα;
Είναι που μένω μόνη, βλέπεις.
Που εγώ φτιάχνω καφέ για μένα. Κι όχι άλλος.
Είναι που μένω μόνη, ξέρεις.
Που πουλάω κι αγοράζω τα πολύτιμα μονάχη.
Έτσι αγόρασα κι εσένα.
Μονάχη μια βραδιά πίνοντας, πονώντας.
Ήρθες κοντά και ψιθύρισες «τι έχεις;»
Σου φάνηκε ωραίο που δεν μιλούσα.
Το βρήκες γοητευτικό. Μοιραίο.
Και τώρα μένεις άναυδος μετά από τόσα χρόνια
Που μαθαίνεις πως δεν μίλησα ποτέ μου.
Που δεν άκουσες τον ήχο της φωνής μου
Σ' αυτό το άδειο σπίτι.
Μα πώς να ακούσεις;
Σε ρωτάω!
Μόνος κανένας δεν μαθαίνει...

Επιβάτης

Ζεις;
Με ρώτησε ευθέως.
Ξέροντας πως δεν θα απαντήσω.
Τι να έλεγα εξάλλου;
Ούτε που ήξερα αν ζούσα αληθινά.
Μετά το θάνατο του επιβάτη, είναι δύσκολο να ζήσει το όχημα.

Αμαρτία

Βράδυ
Νύχτα βαθιά και μαύρη
Ψύχος
Πέφτει βροχή στο μαύρο ζεύγος στο παγκάκι
Χιόνι
Δύο σκιές κουλουριασμένες
Σαν σε ταινία ερωτική ζωγραφισμένες...
Ήρθες;
Πότε; Δίχως να σε ακούσω;
Μήπως μου έφερες το δώρο που μου είπες;
Ξέρεις, εκείνο που μου πήρες σαν ήμουνα παιδάκι.
Όχι;
Εντάξει, δεν πειράζει...
Εξάλλου έχω ξεχάσει πια πώς ήταν...
Αν και το γύρεψα παντού.
Μα δεν πειράζει. Αλήθεια.
Σου το χαρίζω.
Τι;
Αν θέλω άλλο να μου φέρεις;
Όχι... εγώ εκείνο γύρευα μονάχα.
Σαν αμαρτίας άφεση να το κρατήσω...
Ποια αμαρτία;
Μα... που σε λάτρεψα και σ' είχα για Θεό μου...

Αναμνήσεις

Αυτά
Τα άσπρα, τα λευκά
Τα χρώματά σου

Αυτά
Που άγγιξα ξανά
Και τα φιλιά σου

Αυτά
Που έβλεπα παλιά
Μες στη ματιά σου

Εκείνα
Που έφυγαν ξανά
Με τη σκιά σου

Πέφτεις

Πέφτεις
και το κενό θυμίζει έρωτα
θυμίζει νιάτα, γιασεμί και πικραμύγδαλα
μέσα σε κόκκινο ριχτάρι από μετάξι
μέσα σε κόκκινη αγκαλιά από φιλιά.

Ένα παιδί ρωτάει "τι είναι;"
μήπως πνοή;
ή γιατρειά;
Μήπως ο έρωτας δεν είναι
παρά μονάχα πλάνη που περνά;

Νιώθεις κενός
και μια στιγμή...
Κενό...
Κάνεις να φύγεις
Πού να πας;
Μήπως ο έρωτας σου 'χει ξεφύγει ήδη;

Πολλές φορές αναρωτιέσαι

Αν οι σκέψεις σου μπορούν να χωρέσουν μέσα σε ένα
Λευκό χαρτί.
Μέσα σε ένα υλικό φτιαγμένο από ανθρώπινα χέρια.
Κι είναι στιγμές που φτάνει η σκέψη σου να σ' απατά
Να καίει ότι άφησες μονάχο
Να λιώνει σαν κερί ζωγραφισμένο
Που σχηματίζει μουτζούρες ακανόνιστων χρωμάτων
Γεμάτες λάθη, μίση κι έρωτες
Γεμάτες απορία κι άγνοια
Ερωτευμένες ακόμα μεταξύ τους
Επειδή δεν ξέρουν τι θα απογίνουν,
Γραμμές, κύκλοι ή τίποτα.
Όρθιοι ακόμα μεταξύ μας, μα στο κενό κενοί και μόνοι.

Η Ιωάννα Κοτσώνη έχει μεγαλώσει στην Αθήνα. Είναι απόφοιτος του Πειραματικού Λυκείου της Βαρβακείου Σχολής. Έχει σπουδάσει Υποκριτική και Διακόσμηση. Κατά τη διάρκεια της φοίτησης της στη Δραματική Σχολή, άρχισε να γράφει ποίηση επηρεασμένη από κείμενα του Ανδρέα Εμπειρίκου. Εργάζεται σαν ηθοποιός, ενώ παράλληλα ασχολείται με τη ζωγραφική και συνεχίζει τις σπουδές της πάνω στην υποκριτική και τον κινηματογράφο.

www.ingramcontent.com/pod-product-compliance
Lightning Source LLC
Chambersburg PA
CBHW031440040426
42444CB00006B/906